はじめての お金教室

監修：玉置 崇（岐阜聖徳学園大学教授）　みずほ証券株式会社（コーポレート・コミュニケーション部 投資教育推進室）

マンガ：いぢちひろゆき

お金は、どんな
使い方がある？

2

お金を使おう

はじめに

みんなは、お金について考えたことあるかな？
今、着ている服も、使っているつくえも、ノートもえんぴつも、ぜんぶお金を出して買ったもの。
子どもも、おとなも、お金がなければ生活していけないんです。
でも、そんな大事なものなのに、お金のことはみんな意外と知らないはず。
この本では、みんなが今まで知らなかったお金のひみつを、知ることができます。読んでから、自分のお金についての考え方を、話してみてください。今の社会を考えるときにも、自分の未来を思いえがくときにも、お金について話し合ったことが、ヒントになるでしょう。

岐阜聖徳学園大学教授　玉置 崇

これから「お金」の話をはじめるよ。

円出先生（エンデル）

もくじ

この本の使い方

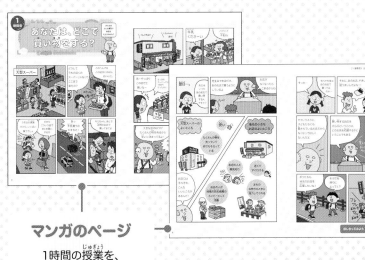

マンガのページ
1時間の授業を、
4ページのマンガで
学びます。

話し合ってみよう
マンガを読んで、クラスの
友だちと話し合ってみよう!

学ぼう! のページ
マンガのあとに、テーマについて
わかりやすく解説しています。

調べよう!
家の人に聞いたり、
本やインターネットで、
調べてみよう!

**授業で考えよう
お金の話のページ**
理解をさらに深めるための授業案です。
道徳の時間に、話し合ってみましょう。

あなたは、どこで買い物をする？

みんなはどんな理由でお店をえらぶのかな？

大型スーパー

どうしてうちの近くのスーパーじゃなくてここまで来たの？

このへんではこのお店がいちばん安いんだ

うちは大家族だから、いっぱい買うでしょ

だからこういうお店でまとめ買いするの

あっ牛乳買うのわすれた！

キミちゃん、あとで近所のお店で買ってきてよ

こんにちは！

いらっしゃいませ！

マヨシパン

フードショップ　きんじょ

新鮮魚野菜

やきいも

牛乳（ぎゅうにゅう）くださーい

ハイハイ牛乳（ぎゅうにゅう）ね

あーやっぱりこのお店だと高いなー

さっきのスーパーだと168円だったのに…

牛乳225円

何か言った!?

何も言ってません！

どうして大型（おおがた）スーパーは安（やす）くて近所（きんじょ）のお店は値段（ねだん）が高いのかな…

商品（しょうひん）の量（りょう）が多いと、安（やす）く仕入（しい）れることができる。そのぶん値段（ねだん）も安（やす）いんだ！

あれ先生っ！

それでもこのお店で買（か）う理由（りゆう）…それは…

また明日（あした）学校でね！

バイバーイ

…

5

翌日—。

先生はいつもあのお店で買い物するんですか？

先生はできるだけ、あのお店で買うようにしているよ

お店がなくなったらこまるからね

へー

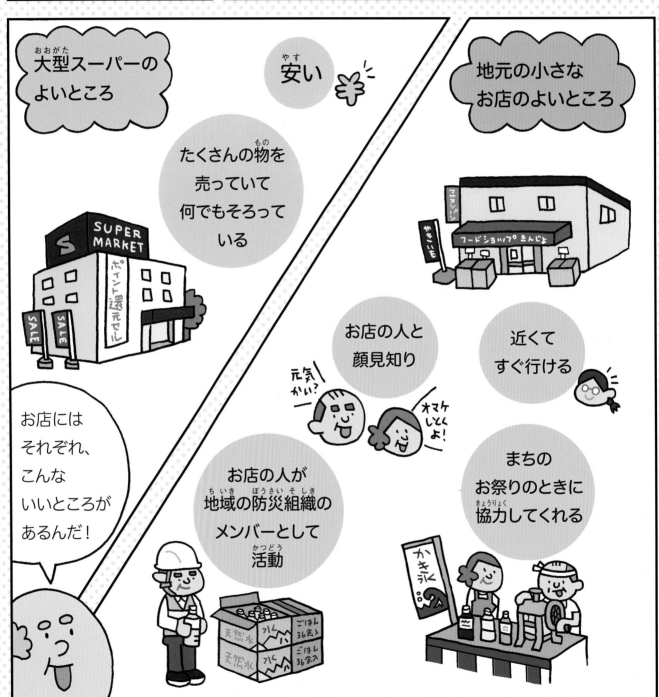

大型スーパーのよいところ

安い

たくさんの物を売っていて何でもそろっている

SUPER MARKET

お店にはそれぞれ、こんないいところがあるんだ！

お店の人が地域の防災組織のメンバーとして活動

地元の小さなお店のよいところ

お店の人と顔見知り

元気かい？

オマケしとくよ！

近くてすぐ行ける

まちのお祭りのときに協力してくれる

6

そっか…

それで先生は
あのお店で
買ってる
のか…

それに、あのお店、やきいもが
超（ちょう）うまいんだよな！！

それ！！
一気（いっき）に5本食い
したことある！

そういうふうに、
子どもたちにも
愛（あい）されているお店だから
なくなってほしく
ないんだよ

買（か）い物（もの）するお店を
えらぶということは、
どのお店を応援（おうえん）するかと
いうことでもある

覚（おぼ）えて
おいてね！！

そっかー
「応援（おうえん）」か…

今まで
そんなこと
考えたことなかったな

ボクたちも
地元のお店を
応援（おうえん）したいね！

そうだね
帰りに
よってく？

フードショップ きんじょ

やきいも

フレ
フレ
おみせ
フレフレ
おみせ！

フレー
フレー

そんなふうに
応援（おうえん）されても…

話し合ってみよう　みんながよく行くお店は、あるかな？
どうしてそのお店に行くのかな。

お金の使い方は、人によってちがう

同じ物を売っているお店でも、それぞれよいところがちがうんだ。お店のどのよさを優先して買い物をするかは、人それぞれ。商品の値段もちがうから、人によってお金の使い方がちがうことになるよ。

このページでは、人によってちがうお金の使い方について見てみよう！

3つのキーワード 　お店えらび　商品えらび（会社えらび）　応援

お店えらびは、値段だけでは決まらない

大型スーパーには、たくさんの商品があって安く買えるから、遠くても行く価値があるね。でも、マンガの中でキミちゃんがおつかいに行ったときのように、**値段などではなく、べんりさでお店をえらぶこと**もあるよ。この場合は、安く買うことよりも、かかる時間を短くすることをえらんでいるんだ。ほかにも、**生産者がわかる商品**をおいているお店、**農薬を使わずに育てた野菜**を仕入れているお店などもある。**お店えらびは、値段だけでは決まらない**んだ。

お店のいいところは、どんなところ？

電子マネーが使えるお店をえらぶ人もいるよね。

安い

生産者の情報付き商品

駐車場がある

駅の近くでべんり

お店をえらぶことは、そのお店を応援すること

マンガで、先生は応援したいお店で買い物をしていたね。お客さんが商品をたくさん買ったら、お店にはもうけ（利益）が出る。**もうけたお金で、お店はもっといい商品を仕入れたり、買い物をしやすいお店にしたりと、商売の工夫ができる。お客さんが買い物をするお店をえらぶことは、そのお店を応援することと同じ**なんだ。これは、商品をえらぶときも同じだよ。たとえば、いくつかの会社がつくった牛乳が、棚にならんでいるとする。その中から**ある会社がつくった牛乳をえらんで買うと、その会社を応援すること**になるよ。

えらばれたお店

まいど
ありがとう
ございます！

お店は、お客さんの
応援があるから、まちで
よい仕事をつづけることが
できるのね。

えらばれた商品

わが社の
商品をお買い上げ
いただき、ありがとう
ございます！

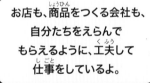

お店も、商品をつくる会社も、
自分たちをえらんで
もらえるように、工夫して
仕事をしているよ。

知ってるかな？

「フェアトレード」って何だろう？

コーヒーやチョコレートなど、原料が外国でつくられている商品に「フェアトレード」のマークがついていることがある。これは、原料をつくる人たちが、ひどく安い賃金（給料）で働くことがないように、公正な値段で買われた原料を使っていることをしめすマークだよ。値段の安さを競争すると、世界のどこかで、安い賃金（給料）で働かなければならない人が出てきてしまう。この不公正をへらすための試みだ。

商品のパッケージにつけられている、国際フェアトレード認証ラベル。

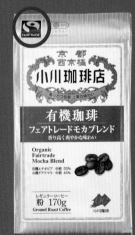

調べよう！　家の人に、お店や商品をえらぶときにどんなことに気をつけているか、聞いてみよう。

物の値段の決まり方

値段は、だれが
どうやって
決めるのかな?

今日は、物の値段が
どうやって決まるかを
勉強しよう!

たとえばこの
オレンジジュース!!

スーパーで
100円で
売ってるん
だけど…

この
100円という
値段には
どんなお金が
ふくまれて
いると思う?

材料とか
紙パックの
お金…

あと、工場で
ジュースをつくる人の
お給料とか…

みんな、なんとなく
想像できる
みたいだけど、
合ってるかな?

オレンジ
ジュースの
会社の人に
来てもらったから
聞いてみよう!

みなさん
こんにちはー！！

このジュース、
原料は
外国産なのよ

ジュース会社の人

へえー

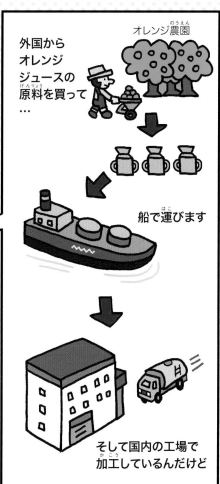

オレンジ農園

外国から
オレンジ
ジュースの
原料を買って…

船で運びます

そして国内の工場で
加工しているんだけど

ジュース1本あたりの
原料のお金は
いくらくらいだと
思う？

ジュースだけに
十数円!?

原料のお金は
だいたい 5円 くらいよ！

そんなに
安いの!?

えーーっ!!

5円の物を100円で売るなんて、
おねえさん、もうけすぎじゃ
ありませんか？

いや…
このあともっと
お金がかかるの…

工場を
動かすお金

工場で
働く人のお給料

紙パックをつくるのに
かかるお金

ホラ！
工場を動かして
製品をつくるのにかかる
お金が、15円くらい

で、それをスーパーなどの
お店に運ぶお金が
かかります

トラック代、ガソリン代

運転手さんの
お給料

それがさらに
ジュース1本あたり
20円—。

それを
スーパー
では…

わたしたちはこれを
70円で仕入れて
100円で売っているんだよ!

へー。
40円の物を70円で
仕入れているんだ。

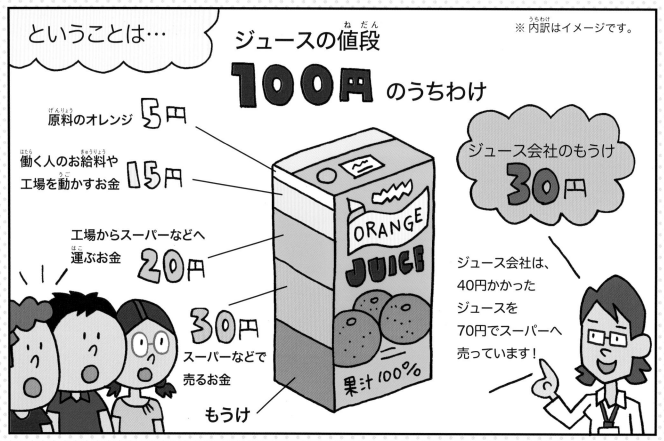

ということは…

※ 内訳はイメージです。

ジュースの値段
100円のうちわけ

原料のオレンジ 5円

働く人のお給料や
工場を動かすお金 15円

工場からスーパーなどへ
運ぶお金 20円

30円
スーパーなどで
売るお金
もうけ

ジュース会社のもうけ
30円

ジュース会社は、
40円かかった
ジュースを
70円でスーパーへ
売っています!

会社のもうけが
30円って…
それはおねえさんが
おこづかいに
しているんですか？

ちがいます！

会社のもうけは、会社を大きくしたり、
新商品を開発したりするのに
使われるの

工場をふやす

A工場　B工場

C工場

新商品を
つくる

ビワ JUICE 期間限定

今は100円で
売っているけど、
あまり売れなければ
値下げしたりとか、

値段はそのときの
状況によっても
変わるんだけどね！

ふーーん

ということで、
物の値段の
中身について
わかったかな？

そうかー、ジュースの100円には、
いろんなものがふくまれて
100円になっているん
だな。

そうだ！

パックにして売らないで、
家で水道みたいに
飲めるようにしたらどう？

ゴクゴク

そしたら紙パック代も
輸送代もかからないよ！

それには、専用の
水道管がいるから、
すっごく
高くなるね

だめか〜

いいと思ったん
だけどなー
オレンチジュース！
（おれん家）

ガク

ダジャレかよ

話し合ってみよう

「もうけ」があるのは、
ジュースをつくる会社だけかな？

13

値段の中身を見てみよう

スーパーで売られているジュース1本の値段には何がふくまれているか、わかったかな？　世の中で売られている商品のほとんどが、ジュースと同じしくみだよ。

このページでは、「原価」と「もうけ」について学ぼう！

3つのキーワード

 商品　　原価　　もうけ（利益）

ポイント1

値段は「原価」と「もうけ」でできている

　商品の値段は、だいたい、つぎのものでできているよ。**①原料のお金　②つくる人のお給料や、工場を動かすお金　③運ぶためのお金　④売るためのお金　⑤もうけ（利益）**の5つだ。商品をつくるのにどうしても必要なのが、①から④のお金だね。**必要なお金を、まとめて「原価」とよぶ。**商品は、**原価に「もうけ」を足した金額で売るんだ。**こうやって商品の値段が決まる。「もうけ」を得るために、会社やお店は、商品をつくったり売ったりするよ。

①〜④までが原価

原価にもうけを足したものが、値段になる。

❶原料のお金

❷つくる人のお給料や工場を動かすお金

❸運ぶためのお金

❹売るためのお金

＋

❺ジュース会社のもうけ

＝

ジュースの値段

ポイント2

会社やお店には「もうけ」が必要

会社やお店は、**もうけたお金で、もっとよい商品を開発したり、テレビコマーシャルを流したり、新しい工場をつくったりするよ。もうけ（利益）がないと、仕事を広げていくことができない。**ひとつの商品をつくって売るまでに、紙パックなどの容器をつくったり、運んだり、宣伝したりとたくさんの会社がかかわるけれど、**どの会社にも、もうけが必要**だ。

もうけ（利益）のさまざまな使い道

新商品を開発する

商品を宣伝する

新しい工場をつくる

「もうけ」がなかったら、お店や会社はどうなるの？

「もうけ」が出ない年が何年もつづくと、お店も会社もやっていけなくなるんだ。なくなるお店や会社もあるよ。

知ってるかな？

たくさんの人をつなげる仕事とお金

ジュースができるまでに、仕事としてかかわった人は何人いるか、考えてみよう。工場で働く人、運ぶ人、売る人のほかに、紙パックや缶などの容器をデザインをする人、宣伝をする人、容器をつくる会社の人など、数えきれないね。原料をつくった外国や日本の農家の人たちもいる。

みんなの仕事をつないでいるのが、お金なんだ。世の中を人の体にたとえると、お金は体のすみずみに栄養をおくる血液みたいなものだよ。

おこづかいでジュースを買うと、そのお金は、どこへ行くのかな？　お金は、めぐりめぐって、仕事としてかかわった人たちのお給料になる。

調べよう！　同じジュースで、サイズや容器がちがうものがあるよね。値段はどうなっているかな？スーパーで、調べてみよう。

物の値段が変わるとき

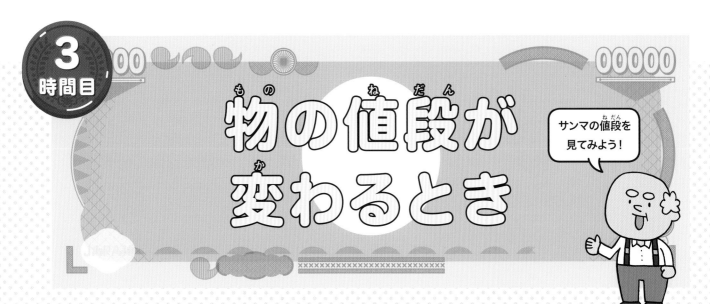

おじさん！
どうして大漁だと
安くなるの？

おっ！
おっかい
だね！！

今年みたいに
サンマがたくさん
とれたとき、
売れ残っちゃうと
こまる。だから
安くするんだよ！

魚っていつも
そうやって
値段が
変わるの？

魚だけじゃ
ないよ！

キャベツもみかんも
みんな同じ。
野菜なんかは、あまり
たくさんとれると
値段が安くなりすぎて
もうけがなくなって
しまうんだ

だから
たくさんとれれば
いいってもの
でも
ないんだよ

サンマ
１００円

あっちの野菜
売り場も、参考に
見てごらん

ちょうど大根
買おうと思った
ところです

ありがとう
ございました！

そっかー

勉強に
なったなー
…

ただいまー

あっ！！

サンマをわすれて
大根だけ
買ってきちゃった！！

ダメ
じゃん…

17

学校で―。

魚屋さんにいいことを教えてもらったね！

物の値段が変わるってこと

もし、サンマが毎年同じ値段に決められていたらどうなるかな？

こんなにいっぱいあるのに……

たくさんとれても、安く売れないなら売れ残るかもしれないなあ…

サンマ200円

1匹500円でもほしい人がいるだろうなあ…

ぎゃくにあまりとれない年はすぐに売り切れちゃうかもしれない…

サンマ200円

うりきれました

そう！だから値段が変わるんだね！

あんまりとれない年は、値段が高くなってママが買わないから、ボクはサンマを食べられないってわけか…

ジュル

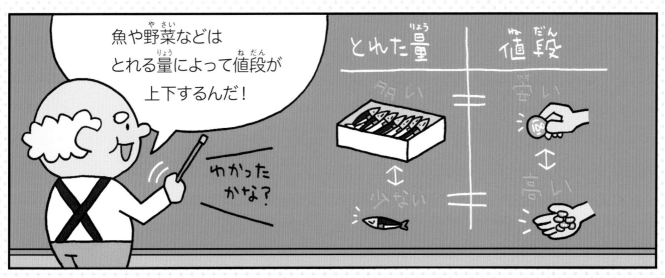

魚や野菜などはとれる量によって値段が上下するんだ！

わかったかな？

とれた量　値段

その年にサンマが1匹しかとれなかったら、値段はどうなるんだろう？

1匹100万円とか？

それ魚屋のおじさんが言ってたオヤジギャグ！

まったくありえない話ではないよ

超高級なマグロなんかは数が少ないから、1匹数百万円で取り引きされている

へえええ！！

それでもほしいという人がいれば、その値段で売れるわけだ！

めったにとれない物って高く売れるんだね！

めったにとれない超デカダンゴムシ、1万円で買う？

いらないよ！

モゾモゾ

話し合ってみよう　値段が変わるのは、食べ物だけかな？服や文房具などの商品は、どうかな？

19

需要と供給の関係

サンマの値段は、商品の量だけでは決まらないんだ。値段が決まるのには、需要と供給の関係もかかせないよ。そして、需要と供給のあるところには、競争も生まれるんだ。

このページでは、需要と供給の関係を見てみよう！

3つのキーワード　需要　供給　競争

ポイント1

需要と供給って、何だろう

かんたんにいうと、**需要とは、サンマを買いたい人の数のこと。供給とは、売られるサンマの数のこと**だ。サンマが多くとれて、買いたい人が少なければ、値段は安くなる。買いたい人が多いのにサンマが少ないと、「高くても買いたい！」という人がふえて、サンマの値段が上がる。でも値段が上がると、こんどは買いたい人がへって売れなくなるので値段も下がる。だから、サンマの値段は、需要と供給の関係によって決まるんだよ！

需要より供給が大きいとき

サンマちょうだい！

需要

供給

ピチピチ

値段が下がる
1匹100円

サンマの値段は、サンマを買う人も、売る人も、どちらも納得できる値段におちつくんだよ。

供給より需要が大きいとき

買いたい！

わたしもほしい！

需要

供給

値段が上がる
1匹500円

競争があると、物の値段が変わる

もうひとつ、値段を決めるものがあるよ。サンマを売るスーパーが、3つあるとする。同じサンマなら、どんなお店でみんなは買うかな？　そう、**お客さんが買いやすいのは、値段がいちばん安いお店**だよね。同じものをどれだけ安く売るか、どれだけ多くのお客さんをお店によぶか、スーパーは競争をする。**競争があるかどうかでも、物の値段は変わる**んだ。このしくみは、物だけでなく、サービスの値段も同じだよ。

競争がある場合

安くするよ！

入ったばかりの新鮮なサンマだよ！

A鮮魚店　100円！

B鮮魚店　直送　105円！

C鮮魚店　新鮮　110円！！

競争がない場合

このまちでサンマを売ってるのはウチの店だけだからね…

サンマ　150円

競争があると、物の値段が下がるのね。お客さんにとっては競争があったほうがいいよね。

知ってるかな？ ¥

市場で「競り」を見てみよう！

野菜や果物、花、魚、肉が市場に集まったときには、まだ値段が決まっていない。市場の人と八百屋さん、果物屋さん、魚屋さん、花屋さん、肉屋さんなどがそれぞれの市場に集まって、値段を決めるよ。決める方法を「競り」とよぶんだ。売る人が、多くの買い手に競争で値をつけさせて、最高の値を付けた人に売るよ。競りは、大量の品物を取引するのに、べんりな方法だ。

東京の豊洲市場で、マグロの競りをしているところ。

調べよう！
スーパーに通って、魚（サンマなど）の値段をチェックしよう。日によって、値段が変わるかどうか、調べてみよう。

消費税って何だろう

きみたち子どもも払っている税金があるよ。

あ、文房具屋さんあった！

これください

12色の色えんぴつね 600円だから… 660円いただきますー

600円じゃないの！？

600円ちょうどしか持ってないよ…

じゃあ、この茶色なしの11色でいいです

そういう売り方はしてないの！

ごめんねー 消費税が10％だから…

消費税ってわかる？

しょうがないなー

主要メンバーの「赤」をあきらめます！！

いやだからそういうことじゃないの

ハイ

お母さん、消費税って何？

ぶんぐ堂
TEL 0X0-X△0
-△□△0

色鉛筆 ¥600

小計 ¥600
10%税額 ¥60
合計 ¥660

→結局もう1回行って買ってきた

買い物をするときかならず払わなくちゃいけないお金なの

みんなが払って、国へおさめるのよ

へー

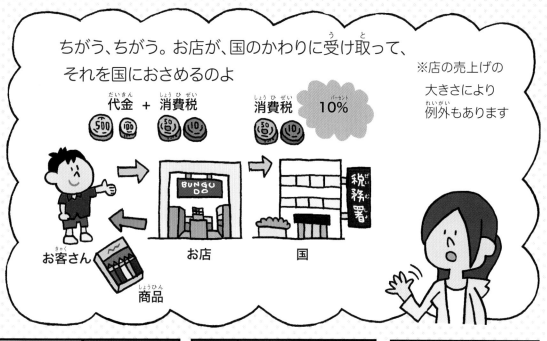

ちがう、ちがう。お店が、国のかわりに受け取って、それを国におさめるのよ

※店の売上げの大きさにより例外もあります

代金 ＋ 消費税　消費税 10%パーセント

お客さん　お店　国

商品

税務署

BUNGUDO

国じゃなくて文房具屋のおねえさんがとろうとしたよ！！

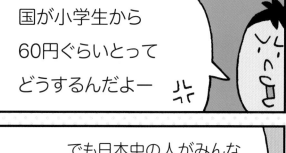

国が小学生から60円ぐらいとってどうするんだよー

でも日本中の人がみんな払うから、1年間で何十兆円にもなるのよ

ちょうすごい！！

あの冷蔵庫は10万円だったから消費税1万円よ！

いちまんえん!?

もはやしょうひぜい（小）でなくだいひぜい（大）だ！！

その小じゃないの！！

学校で―。

はい、今日は税金について学ぶよ!

税金

ボク昨日、60円消費税を払いました!

すげー

消費税だけじゃなくいろんなかたちで国民からお金を集めて…

みんなが共同で利用するものに使うんだ。それが、税金!

教育　医療　道路や橋
警察　消防　防衛

ほかいろいろ

でも、税金が高くてヤダって、ママが言ってたよ…

色えんぴつ600円で、60円も税金とられたもんなー…

チョコ菓子2つ買える…

ブラック

税金て、どうしてもなくちゃいけないものなのかな〜?

ゼイ金と先生のおなかのゼイ肉は、いらないと思います!

じゃあ国民みんなが税金なんかやめよう!って言ったら、どうなるかな?

話し合ってみよう 税金がなかったらこまることは、ほかにどんなことがあるかな？

25

学ぼう！

税金って何だろう

　国は、人々が生活するのに必要な物やサービスをととのえる仕事をしている。税金は、この仕事のために、みんなから集めるお金のことだ。税金は、みんなに関係のあるお金なんだよ。

このページでは、税金について見てみよう！

3つのキーワード

| 国 | 都道府県・市町村 | 公共サービス |

ポイント 1

消費税のしくみ

　マンガに出てきた色鉛筆は600円だったね。2020年の今、日本では一部の食料品などをのぞき、**商品に10％の消費税がかけられている**から、600円の商品を買うには、60円の消費税を払わなければならない。みんながお店で払った**消費税は、お店がかわりに、国におさめてくれるしくみ**だよ。そして消費税は、**物だけでなく、サービスの商品などにもすべてかけられている。**消費税は、子どもからお年よりまで、すべての人が払う税金なんだ。

①消費税がふくまれた値段の商品を、お客さんが買う

②お店が、税務署（税金をあつかう役所）へ消費税をおさめる

色えんぴつ
600円

消費税
60円

シューズ
2000円

消費税
200円

ヘアカット
3000円
消費税
300円

税務署

消費税はほかの税金とちがって、すべての人が払う。
生活にこまっている人が払わなくてすむように、食べ物や飲み物、紙オムツなどに消費税をかけるべきではない、という意見もあるよ。

※店の売り上げの大きさにより例外もある。また、食料品の一部などに8％が課税されている。

そのほかのいろいろな税金

消費税のほかにも、いろいろな税金があるよ。たとえば給料などの働く人の収入から払う「**所得税**」、会社が得たもうけから払う「**法人税**」などだ。お酒やたばこにかけられる税金もある。また、国だけではなく、都道府県・市町村などが住民から集める税金もあるよ。

消費税

買い物などをしたときに払う。

所得税

働く人などがおさめる。

相続税・贈与税

土地や家などの財産をもらったときにおさめる。

法人税

会社などがおさめる。

その他

お酒やたばこなどを買ったときに払う。

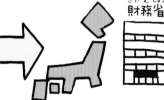

国におさめられた税金を、国の仕事に使う。

国が都道府県・市町村などに配る。

いろいろな税金があるのね。みんなから集める仕事も、大変そう。

住民税（市民税など）

その都道府県・市町村に住む人、そこに住所がある会社などがおさめる。

都道府県や市町村におさめられた税金を、市町村などの仕事に使う。

税金を使って提供している公共サービス

マンガに出てきた警察、救急車など、これらのサービスは、まちに住む人がみんなで利用することができるものだ。だから、税金を使ってサービスを提供しているんだ。値段がつけられないからといって、無料ではない。みんなが税金を払っているから、公共サービスを受けられるんだよ。

市などの図書館も、公共サービスのひとつだ。働く人のお給料も、税金から払われている。

調べよう！　消費税は、いつから始まったしくみなのかな？　以前は、何％だったのかな？調べてみよう。

募金って何だろう

みんなは、寄付をしたことはあるかな?

あっ ワンちゃん かわいいーっ!!

盲導犬育成

募金にご協力 おねがいしまーす!

盲導犬育成基金

募金

募金

ハァ ハァ

よしよし いい子だね

カナ ちゃん!!

あれ? シンジくん 何やってんの?

募金活動 だよ!

シンジくんが 野球以外のこと してるの はじめて見た!

なにげに 失礼なやつ だな

盲導犬って、目が 不自由な人をお手伝い する犬なんだけど、 知ってる?

うん!

すごい かしこい 犬だよね!

盲導犬が必要な人は たくさんいるのに、 数が足りないんだ…

それで、盲導犬を 育てる団体に寄付する お金を集めてる わけ

前のページ「調べよう!」の答え・・・日本での消費税は、1989年（平成元年）4月に3%からスタート

募金に協力するときには、気をつけなくてはならない点がある。くわしくは、37ページを見てね。

注意しよう！

だから
お願いしまーす！！

わかった！！

じゃあ
11円ね

なんで？

ワンワン
11ということで！！

ワン！！

へ〜 シンジくん
えらいのね〜

お父さんは
寄付って
したことある？

うーん……

コンビニで
おつりを募金箱に
入れるくらいかな

そういえば
コンビニに
おいてあるね！！

募金箱

あのお金も、災害などで被害を受けて
こまっている人のための寄付に
使われるんだよ

令和〇年度
〇千万円…

みどりの募金

台風〇号災害義援金

お父さんは
おさいふが重く
なるのがいやで、
小銭を入れてる
だけよね？

え、そんなこと
ないよ！！

お札入れてるの
見たことないよ！

あるよ！
いや…
ないかな……

……

した。その後、5％、8％とふえ、2019年（令和元年）10月から10％に変わったよ。

29

翌日（よくじつ）—。

ありがとうございます！

台風〇号災害義えん金ぼ金

あっ サトシがお金入れてる！

わたしも入れてきたよ！

オレも入れようかな…

カードゲームの激（げき）レアカード

おはようございます

今日（きょう）はみんな、募金（ぼきん）に協力（きょうりょく）してくれたかな？

ハーイ

じいちゃんの家が台風で水につかっちゃったので、ぼくもおこづかいから少しだけ寄付（きふ）しました！

みんなが寄付（きふ）してくれたお金は、この前の台風で家をなくした人たちやこまっている人のために使（つか）われるんだよ

そっか…

なんか、お金持（も）ってこなかったオレ、はずかしいな…

話し合ってみよう　どうして寄付をしようと思ったのか、寄付した人の気持ちを聞いてみよう。

人々から広く集めたお金

こまっている人に、お金が役立つ場面はたくさんあるよね。たとえば、盲導犬を育てる取り組みや、自然災害の被害にあった人たちのために人々から広くお金を集めることを、募金というよ。

このページでは、いろいろな募金について、見てみよう！

3つの
キーワード

募金箱

おつり

寄付

ポイント1

募金のしくみ

募金は、学校やお店、まちの中などで、**募金箱にお金を入れてもらって、お金を集める**しくみだよ。また、お店のレジには、**おつりをいれやすいように募金箱がおいてあるね。集まったお金は、募金活動の中心になっている団体へ送られる。**そこから、**さまざまな支援団体へとどけられる。**そして、**こまっている人たちの支援が行われる**よ。

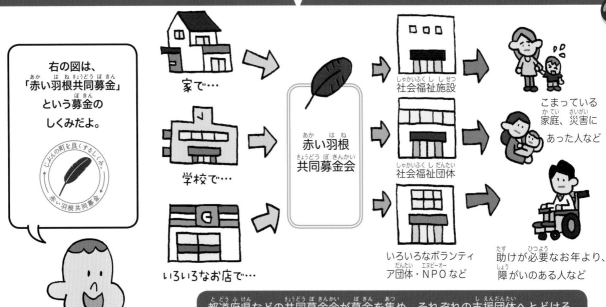

右の図は、「赤い羽根共同募金」という募金のしくみだよ。

家で…
学校で…
いろいろなお店で…

赤い羽根
共同募金会

社会福祉施設
社会福祉団体
いろいろなボランティア団体・NPO など

こまっている家庭、災害にあった人など
助けが必要なお年より、障がいのある人など

都道府県などの共同募金会が募金を集め、それぞれの支援団体へとどける。
支援団体は、助けを必要としている人たちのために、さまざまな活動を行う。

ポイント2

募金のいろいろなかたち

集められたお金は、さまざまな人たちに役立てられる。お金が使われるのは、**日本だけではないよ。**たとえば「ユニセフ共同募金」は、世界中のすべての子どもたちの命と権利を守るために集められている。どの募金活動でも、世の中の**みんなが募金に参加しやすいように、寄付つき商品の販売やインターネット募金など、さまざまな方法を用意している**よ。

寄付つき商品を買う

値段に寄付金がふくまれている商品を買う。

チャリティーイベントに参加する

売上げ金を寄付するために開かれたコンサートやバザーに、参加する。

インターネットで寄付をする

電子マネーでたまったポイントなどを、インターネットで登録をして寄付にあてる。

いらない物を送って寄付金にする

不要品をダンボールに入れて団体へ送ると、中身が売れたお金が、そのまま寄付金になる。

知ってるかな？

寄付を楽しんでもらう工夫

2016年の熊本地震で、熊本城もこわれてしまった。城を直すには、たくさんのお金が必要だ。そこで、1万円の寄付をした人を「復興城主」に登録する取り組みが行われているよ。「復興城主」には、いくつかの特典が用意されている。熊本復興のシンボルとして一日も早い復興をみんなが願い、多くの寄付が集まっているよ。

復興城主がもらえる「城主証」（右）と城主手形（左）。城主手形を持っていると、熊本市内でサービスが受けられる。飲食店など、さまざまなお店がこの取り組みに協力している。

調べよう！　募金活動やチャリティーイベントをしているところを、見たことはあるかな？まちで見かけたら、何のための活動なのか調べてみよう。

1時間目で、お店のえらび方など
お金の使い方は人それぞれ、と学んだよね。
つぎの質問は、どう考えるかな？
みんなで話し合ってみよう！

質問

学校給食は「地産地消」の考えでつくるべき？

【解説】「地産地消」という言葉を知っているかな？　みんなの学校がある都道府県内に、農業や漁業をしている人がいるよね。それらの人を応援するために、できるだけ地元の食材を使おうという考え方だよ。

「地産地消」を取り入れて学校給食をつくれば、地域でどんな食材がつくられているか、どんな伝統があるかを学ぶことができる。地域の食材を生かした、地域ならではの給食メニューをつくることもできるし、地域の「旬」の食材が何かを、知ることもできるよ。

だけど、「地産地消」で学校給食をつくる場合、その地域の食材が安いとはかぎらない。だから、少し余分にお金がかかってしまうこともあるんだ。給食費が高くならないように、全国のいろいろな場所から少しでも安い食材を買ったり、外国産の食材を使ったりするのも、ひとつの考え方だね。かぎられた給食費のなかで、少しでもおいしくて安全な給食をつくってもらうのも、地元の農家を応援しながら地域の良さを生かした給食を味わえるのも、どちらも素敵だよね。みんなは、どう考えるかな？

学びの流れ

❶「地産地消」の考え方について知ろう。
❷「地産地消」でつくる学校給食と、ふつうの給食の、ちがいを考えよう。そして話し合おう。
❸学びをまとめよう。　例：給食に地元で生産された食材を使うと、地域の良さを学べるなど、よい点がある。食材は、値段だけでは決められないところがある。

沖縄県の地産地消の取り組みで優秀賞にかがやいた、石垣市の学校給食。メニューはマグロともずくのミックス丼、冬瓜のすまし汁、島パパイヤの和え物。

2時間目と3時間目では、お店の商品の
値段が決まるしくみを学んだね。
世の中には、いろいろな値引きセールがあるよね。
何のために、値引きセールをすると思う？

質問

どうしてお店は、
値引きセールをするの？

【解説】洋服などを売っているお店で、値引きセールをしているのを見たことはあるかな？

たとえば冬のコートは、秋がいちばん売れる時期で、冬になるとじょじょに買う人が少なくなり、春には売れなくなる。だからお店は、春になる前に値下げをして売ってしまおうとするんだ。コートがほしかった人は、新品のコートを安く買えるから、大よろこびだ。

家電製品のお店も、年末などに値引きセールをするよ。人気の商品を安く販売すれば、たくさんのお客さんが集まる。そうすると、ほかの商品もついでに買ってくれる。だからお店は、値引きセールを大きなもうけにつなげることができるね。

テレビやインターネットの通信販売でもセールをするよ。タイムセールといって、「今日だけ、この商品を半額にします！」というやり方だ。その時間にアクセスしたお客さんが、ついでにほかの商品も買うことが多いんだ。お店にとっては、その商品ではもうけられなくても、お店全体でもうけが出ればいい。お客さんを集める、ひとつの方法なんだね。

学びの流れ

❶お店は何のために値引きセールをするのかを、知ろう。
❷値引きセールで買い物をする場合のよい点と、注意したほうがよい点を、話し合おう。
❸学びをまとめよう。　例：売れ残り商品を売る値引きセールでは、お客さんにお得と思ってもらうためのいろいろな工夫がある。お店のもうけにつなげるためのチャンスだ。

商品の値引きの割合を
知らせるシール。

授業で考えよう　お金の話3

4時間目では、消費税について学んだね。
税金を集めないと、わたしたちのくらしが
成り立たないことがわかったよね。
だけど、ほんとうに、払わなくちゃいけないのかな？

質問

日本を、税金を払わなくていい国にできないのかな？

【解説】国や都道府県が、税金で公共サービスを行う理由のひとつは、すべての人が、くらしやすいようにすることだ。社会には、お金を持っている人と、お金がなくてこまっている人がいる。だから、多く稼いだ会社や人に、法人税や所得税をたくさん払ってもらい、そうでない会社や人には少なく払ってもらう。こうして集まったお金を、公共サービスに使うことで、人々の暮らしの差を小さくして、多くの人が幸せにくらすことをめざしているよ。
　税金のしくみは、国によって大きくちがう。

たとえばアメリカでは、どの州に住むかによって、支払う税金がちがうんだ。州によっては、集める税金を少なくすることで、ほかの州から引っ越してきてもらおうと工夫をしている。そのため、公共サービスがそれほど充実していないこともあるよ。反対に、北欧のノルウェーなどでは、25％もの消費税がかけられている。けれど、子育て支援や高齢者向けの公共サービスがとても充実しているから、国民は税金が高いことに納得している。税金が少ない国と多い国、どちらがいいのかな？

学びの流れ

❶税金の制度があることで、社会にとってよい点があることを知ろう。
❷税金が多い国と少ない国、それぞれのいいところと、よくないところを考えよう。そして話し合おう。
❸学びをまとめよう。　例：すべての人が安心して生活できるように、今の税金のしくみがつくられたんだ。だけど金額も考え方も人によってちがうから、公平にするのはむずかしい。

税金を払わなくても
みんながしあわせに
くらせる国って、
ないのかな？

5時間目では、募金という
お金の新しい使い道を学んだね。
つぎの質問については、どう考えるかな?
みんなで話し合ってみよう!

質問

寄付をする先はどうやってえらべばいいの?

【解説】自分の応援したい活動にお金を寄付するときには、自分でお金を出す団体や活動をえらぶことができるよ。だけど、まちの中でもインターネットでも、募金活動は数え切れないほどあるよね。大切なお金を、本当に役立ててもらうためには、寄付する先をどうやってえらべばいいかな?　募金活動の中には、残念なことに、ときに募金のふりをした詐欺（お金をだましとる犯罪）もある。本物の募金活動かどうかを見分けるのは、なかなかむずかしいことなんだよ。

だから、その団体がどんな団体なのか、どんな活動をしているのかを知った上で、寄付したほうがいい。まちの中で募金活動を見かけても、すぐに寄付せずに、いったん家に帰って、家の人や先生に相談してみよう。いくつか寄付したい先がある場合は、インターネットを使って、活動内容や、お金の使われ方を調べてみよう。

寄付したあとは、寄付した団体がどんな活動をしたかに注目しよう。自分のお金がどう使われたかを知るのは、大切なことだよ。

学びの流れ

❶募金のむずかしい点を、知ろう。

❷どんな募金にでも、いつでも応じることがいいことなのか、考えよう。そして話し合おう。

❸学びをまとめよう。　例：募金活動のなかには、本物でないものもある。お金を出す前に、募金活動の目的をたしかめる必要がある。

自分の大切なお金が
どんなふうに役に立ったのか、
たしかめることも
大事なのね。

「アプリ内課金」って何だろう?

スマホのゲームは
ダウンロードすることは無料でも、
そのあとにお金がかかることが
あるんだ。よく注意しよう。

ポイント1

お金を使って楽しむしくみ

スマホでは、ゲームアプリをダウンロードして遊べるよね。無料で遊べるゲームの中には、課金アイテムといって、有料のアイテムをお金で買えば、ゲームを有利に進められたり、プレイ時間をのばしたりできるものもあるんだ。アプリ内課金のしくみを、見てみよう。

ゲームが楽しくなってくると、人によっては、自分のキャラがもっと強くなれるように、アイテムがほしくなる。なかでも「課金ガチャ」というしくみには、ついお金を使ってしまいがちだ。なかなか手に入らないレアアイテムは、ガチャに何回課金しても手に入れられるかわからない。**いつか当たる!というワクワク感で、お金を使ってしまうんだ。**

また、ゲームの腕前を競うイベントも開かれている。参加すると、勝ちたい気持ちが強くなるよね。**勝つために、アイテムを買う人もふえるんだ。**こんなふうに、お金を使いたくなるしくみになっているよ。

↓課金アイテムには、いろいろな
値段のものがある。

ハートクリスタルを買う

ハートクリスタル 1個 価格: ¥120	購入
ハートクリスタル 6個 価格: ¥600	購入
ハートクリスタル 12個 価格: ¥1080	購入
ハートクリスタル 60個 価格: ¥4600	購入
ハートクリスタル 120個 価格: ¥8000	購入

ポイント2

アプリ内課金の支払い方法

お金を払う方法は、おもに、つぎの3つがあるよ。ゲームで遊ぶ前に払うのが、①のプリペイドカードをお店で買う方法だ。②と③の方法は、スマホの会社やクレジットカードの会社から、遊んだ1ヵ月後などに「お金を払ってください」という請求がとどくよ。

❶プリペイドカードを買う

コンビニエンスストアでプリペイドカードを買う。このカードがあれば、ゲーム内で課金アイテムなどをカードの料金分購入することができる。

❷スマホの利用料金といっしょに払う

買ったアイテムの代金を、スマホの回線の利用料といっしょに、契約した人が払う。アプリ内課金などに利用できる月ごとの最大の金額は、契約した人が自分で決めて設定できる。

❸クレジットカードを使う

クレジットカードの番号をスマホに登録して、銀行口座にあるお金を、アイテム料金の支払いにあてる方法。いくらでも、ゲーム内課金に使うことができる。クレジットカードをもうしこめるのは、18歳になってから（20歳未満の人は保護者の同意が必要）。

「クレジットカード」については1巻39ページを見てね！

子どもたちが自分で買うことができるのは、プリペイドカードだね。

知ってるかな？

課金のトラブルがふえているから注意！

クレジットカード会社から、とつぜん大きな金額を払ってくださいと言われるなどのトラブルがふえているよ。クレジットカードの番号を登録してあるスマホで、子どもが勝手に、アプリ内課金をしてしまうというトラブルだ。お金を払えと言われた家の人は、とてもこまってしまうよ。なかには、百万円もの請求がきてしまった家もある。

子どもたちが、課金に気づかないで遊んでしまうことも多いんだ。スマホを課金できない設定にすることもできるから、ゲームで遊ぶ前に、家の人に設定しておいてもらおう。

アイテムをゲットして攻撃力が10上がった！

こっちは請求書を見て100ダメージうけた！

さくいん

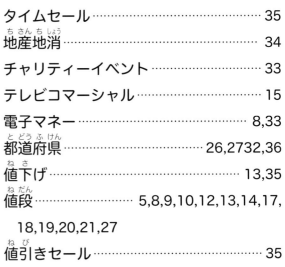

監修：**玉置 崇** たまおきたかし

岐阜聖徳学園大学教育学部教授。
愛知県小牧市の小学校を皮切りに、愛知教育大学附属名古屋中学校や小牧市立小牧中学校管理職、愛知県教育委員会海部教育事務所所長、小牧中学校校長などを経て、2015年4月から現職。数学の授業名人として知られる一方、ICT活用の分野でも手腕を発揮し、小牧市の情報環境を整備するとともに、教育システムの開発にも関わる。文部科学省「校務におけるICT活用促進事業」事業検討委員会座長をつとめる。

監修：**みずほ証券株式会社**
（コーポレート・コミュニケーション部 投資教育推進室）

小学生から社会人まで、幅広い世代に対して社会貢献として金融経済教育に取り組む。学校向けには、子どもたちが「生きる力」を育めるよう、消費者、キャリア、起業家教育等の要素も加味して、全国各地で授業を実施。また、教員研修に加え、教職大学院とともに教員養成支援の研究等も行っている。

マンガとイラスト：**いぢちひろゆき**

1969年、大阪府出身。イラストレーター、マンガ家。立命館大学文学部卒業後、女性誌編集者を経てイラストレーターとして独立。とんちのきいたマンガとイラストを持ち味としている。
いぢちひろゆきの公式サイト ⇒ https://www.ijichihiroyuki.net

装丁・デザイン： 倉科明敏（T.デザイン室）
編集制作：常松心平、鬼塚夏海（オフィス303）
写真協力：認定NPO法人フェアトレード・ラベル・ジャパン、小川珈琲株式会社、東京都豊洲市場管理課、熊本城総合事務所、石垣市教育委員会学校給食センター、株式会社オーディフ、LINE株式会社、中央共同募金会
イラスト図版：伊澤栞奈（P38、P39 上中）

かしこく学ぼう！ はじめてのお金教室
②お金を使おう

NDC330　40P　30.4 × 21.7cm

2020年10月30日　第1刷発行

監修　玉置崇・みずほ証券株式会社
まんが　いぢちひろゆき
発行者　佐藤諭史
発行所　文研出版
　　　　〒113-0023 東京都文京区向丘2丁目3番10号
　　　　児童書お問い合わせ （03）3814-5187
　　　　〒543-0052 大阪市天王寺区大道4丁目3番25号
　　　　代表 （06）6779-1531
　　　　https://www.shinko-keirin.co.jp/
印刷・製本　株式会社太洋社

©2020 BUNKEN SHUPPAN Printed in Japan　ISBN978-4-580-82425-6 C8333

かしこく学ぼう！
はじめてのお金教室
全4巻

①お金を知ろう
②お金を使おう
③お金を貯めよう
④お金を得よう

全巻セット定価：本体11,200円（税別）
ISBN978-4-580-88650-6

この本を読んだみなさんへ。

「お金について、もっと勉強しておけばよかった！」と、おとなの人からよく聞きます。

なぜでしょう？　じつは、お金のことを学ぶことができる機会は、とても少ないのです。

子どものときから少しずつ、お金について学ぶことが必要です。みなさんに、お金について知ってほしいと思い、この本をつくるお手伝いをしました。

4さつの本を通して、少しずつ、みなさんにとって将来役立つことを知ることができます。

読んだあとに、お金を通して、将来のことやこれからの社会のことを考えてもらえればと願っています。

学校の先生方へ。

「お金のことを、もっと教えてほしい」という生徒や保護者のみなさんの声が、ふえています。

でも、先生方からは「むずかしそう……」「教える時間がない」といった声も、よく聞きます。

ぜひ、この本を使ってみてください。

社会科だけで教える必要はありません。教科のなかに、少しずつ取り入れることもオススメです。

道徳、家庭科、算数、生活科、総合的な学習、修学旅行などの特別活動……などなど。

子どもたちが将来、自立して生きる力をやしなうため、この本は先生方のお力になると信じています。

みずほ証券株式会社
コーポレート・コミュニケーション部 投資教育推進室